La petite Sirène

La petite Sirène habite dans un beau château au fond de la mer bleue. Elle habite avec ses cinq sœurs et son père, le roi de la mer.

Ses sœurs lui racontent des histoires sur le monde. Elles lui racontent des histoires avec des bateaux et des gens, des histoires avec de la musique et des chansons, des histoires avec le soleil, la lune et les étoiles.

La petite Sirène veut partir et voir le monde !

– Quand est-ce que je peux aller visiter le monde ? demande la petite Sirène.

– Le jour de ton anniversaire, répond son père.

Un jour, c'est l'anniversaire de la petite Sirène.
— Je suis si contente, dit la petite Sirène à ses sœurs. Maintenant, je suis grande et je peux visiter le monde.
— Oui, aujourd'hui c'est un jour spécial, disent ses sœurs.

La petite Sirène nage loin, très loin, très très loin !
Elle regarde le soleil briller dans le ciel et les oiseaux voler dans le ciel. Elle écoute le chant des oiseaux et le bruit des vagues sur la plage. Elle écoute les enfants rire et jouer sur la plage.
« Le monde est merveilleux » pense la petite Sirène.

Le lendemain, la petite Sirène explique à ses sœurs qu'elle veut nager loin et voir le monde pendant la nuit.

— S'il vous plaît, venez avec moi, dit la petite Sirène.

— La nuit, le monde est noir, dit une de ses sœurs.

— Il n'y a rien à voir, dit une autre sœur. Ici, sous l'eau, tout est toujours beau et coloré. Reste ici avec nous.

— Non, dit la petite Sirène. Je peux partir toute seule. Je veux voir la lune et les étoiles.

La petite Sirène nage loin, très loin, très très loin ! Elle voit le ciel bleu foncé, la lune et des milliers d'étoiles.

« Le monde est merveilleux la nuit » pense la petite Sirène.

Il y a un gros bateau. La petite Sirène regarde les belles lumières colorées sur le bateau. Elle écoute la musique et elle regarde les gens qui dansent. C'est l'anniversaire du prince. Le prince est très beau. La petite Sirène veut danser avec le prince, mais elle ne peut pas danser avec sa queue de poisson...

Soudain, le ciel devient sombre et le vent souffle fort. La mer est agitée et il y a de grosses vagues. La petite Sirène entend le tonnerre et voit des éclairs dans le ciel. Il y a une tempête, une terrible tempête !

De grosses vagues secouent le bateau. Le vent souffle très fort et le bateau se renverse.
Le prince tombe dans la mer. Il tombe tout au fond de la mer bleue.
La petite Sirène nage vite au fond de la mer et sauve le prince.

La petite Sirène nage jusqu'à la plage avec le prince. Le prince est très fatigué. Il ouvre les yeux et il sourit à la petite Sirène.
– Merci, mais ne pars pas. Reste avec moi, demande le prince.
– Je ne peux pas, répond la petite Sirène.

Et elle nage pour rejoindre ses sœurs.

— Je dois vous parler de la tempête, dit la petite Sirène.

Et elle raconte à ses sœurs l'anniversaire du prince, les belles lumières, la musique, les danses et la terrible tempête.

Les sœurs de la petite Sirène écoutent son histoire.

– Je ne veux plus être une sirène. Je veux être une femme. Je veux avoir des jambes et danser avec le beau prince, dit la petite Sirène.

– C'est impossible, disent ses sœurs. Tu es une stupide petite sirène ! Les sirènes ne peuvent pas être des femmes.

— Viens, dit une de ses sœurs, je veux te dire un secret. Tu peux avoir des jambes et être une femme. Tu dois aller chez la sorcière de la mer. Elle peut t'aider, mais tu dois lui donner ta queue de poisson...

La petite Sirène nage dans un endroit sombre et horrible.

Il n'y a pas de belles plantes colorées, mais il y a d'horribles algues grises.

Il n'y a pas de beaux poissons colorés, mais il y a un horrible ver gris et un arbre avec... des queues de poisson !

— Qu'est ce que tu veux ? demande la sorcière de la mer.

— Je veux être une femme, dit la petite Sirène.
— Je peux te donner une potion magique, mais tu dois me donner ta magnifique queue de poisson, dit la sorcière de la mer.

La petite Sirène dit au revoir à ses sœurs.
– Ne pars pas, disent ses sœurs. Ne bois pas la potion magique ! Ne donne pas ta magnifique queue de poisson à la sorcière de la mer ! S'il te plaît, reste avec nous !
– Je ne peux pas, dit la petite Sirène. Je veux voir le prince.

La petite Sirène nage jusqu'à la plage. Ses sœurs se cachent derrière un rocher. Elles regardent leur sœur boire la potion magique et la sorcière de la mer partir avec la magnifique queue de poisson de la petite Sirène.
– Notre petite sœur est une femme maintenant, disent les sirènes.

Le matin, le prince voit la petite Sirène dormir. Il s'approche et il regarde son beau visage. La petite Sirène ouvre les yeux et elle sourit au prince.
– Je te reconnais, dit le prince. Tu es la petite sirène. La petite sirène de la tempête !

— Je ne suis plus une petite sirène. Je suis une femme maintenant.
— Tu es ma merveilleuse petite sirène de la mer, dit le prince. Je suis un homme heureux et je veux rester avec toi pour toujours.

Regarder, écouter ou raconter ?

1 Est-ce que tu te souviens de l'histoire ? Complète les phrases avec les verbes proposés.

> regarde (x3)/regardent   écoute (x2)/écoutent
> raconte/racontent

Exemples :
- Les sœurs de la petite Sirène lui *racontent* des histoires sur le monde.
- La petite Sirène *regarde* le soleil dans le ciel.
- La petite Sirène *écoute* les enfants rire sur la plage.

1 Les sœurs de la petite Sirène lui .... des histoires avec des bateaux et des gens, des histoires avec de la musique et des chansons, des histoires avec le soleil, la lune et les étoiles.

2 La petite Sirène .... les oiseaux voler dans le ciel.

3 La petite Sirène .... le chant des oiseaux.

4 La petite Sirène .... les belles lumières colorées sur le bateau et elle .... la musique.

5 La petite Sirène .... la tempête et l'anniversaire du prince à ses sœurs.

6 Les sœurs de la petite Sirène .... son histoire.

7 Les sœurs de la petite Sirène .... leur sœur boire la potion magique.

8 Le prince .... le beau visage de la petite Sirène.

Vrai ou faux ?

2 **Regarde le dessin et lis les phrases. Écris *Vrai* ou *Faux*.**

Exemple :
La petite Sirène nage dans un endroit très beau.   Faux

1. Les algues sont grises. ....
2. Les vers sont colorés. ....
3. Il y a un arbre avec des queues de sirène. ....
4. La sorcière de la mer est belle. ....
5. La petite Sirène veut être une sorcière. ....
6. La petite Sirène donne une potion magique à la sorcière de la mer. ....
7. La sorcière de la mer veut la queue de poisson de la petite Sirène. ....

Bras et jambes

3 Écris les mots à la bonne place. Les lettres *b*, *d*, *f*, *h*, *k*, *l* et *t* ont des bras. Les lettres *g*, *j*, *p*, *q* et *y* ont des jambes.

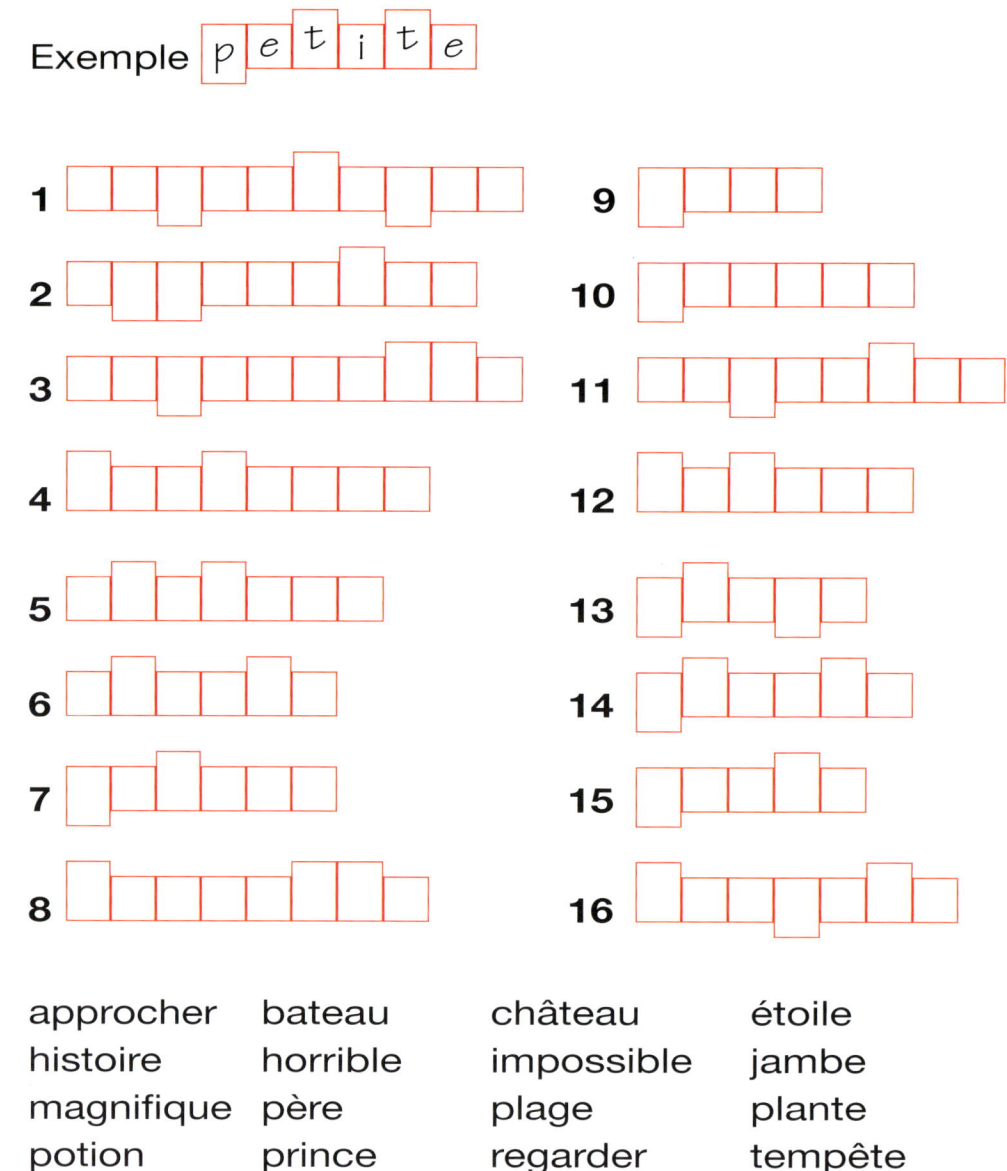

approcher   bateau   château   étoile
histoire   horrible   impossible   jambe
magnifique père   plage   plante
potion   prince   regarder   tempête

Images et mots croisés

4 Regarde les images et écris les mots dans la grille.

Horizontalement   Verticalement

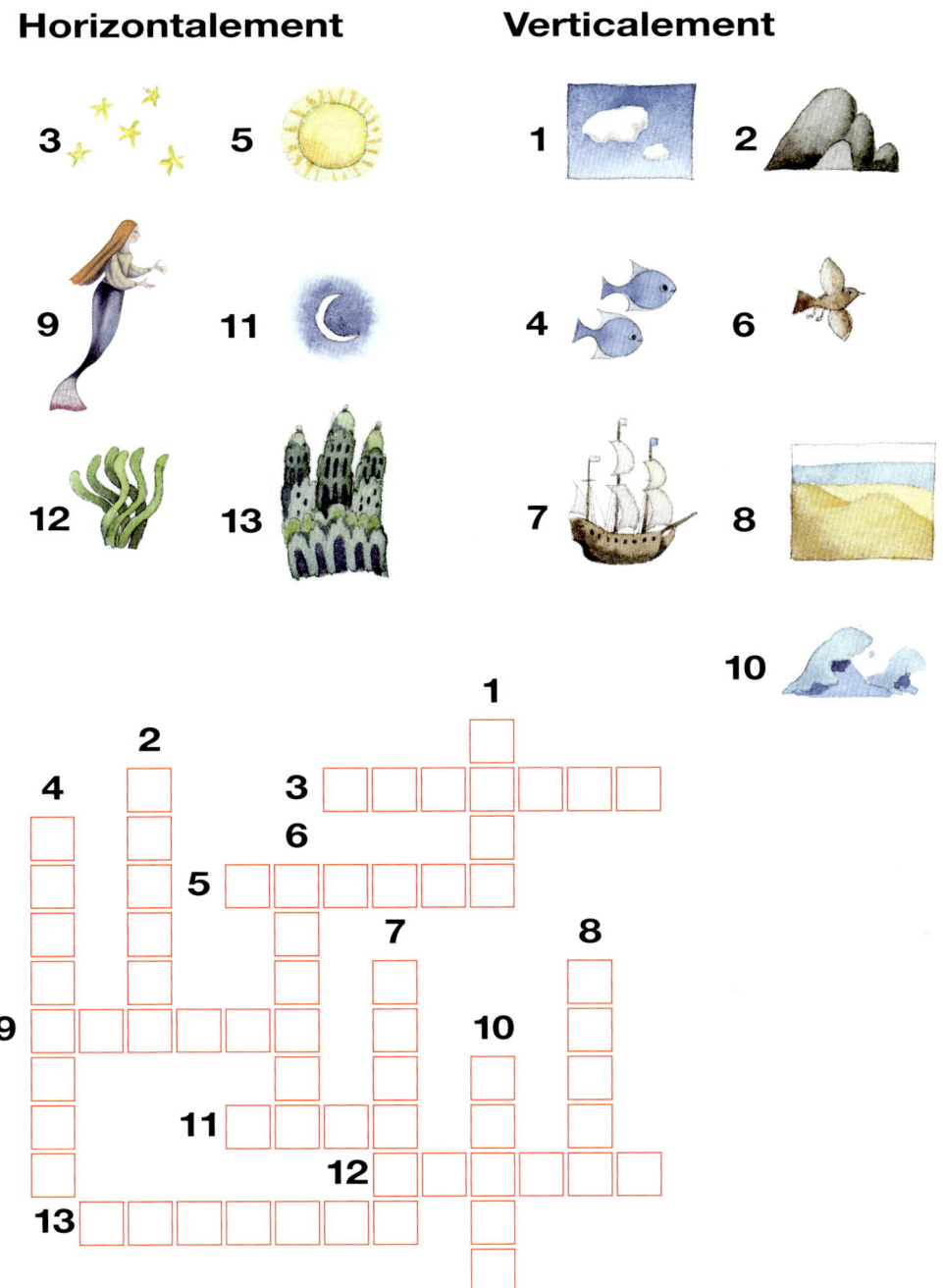

Colorie !

5 Remets les lettres dans l'ordre et place les mots sur le dessin. Colorie ensuite le dessin.

| SSONPOI | GUESAL | CHERRO |
| NERÈSI | TEAUBA | EUEQU |

26 • ACTIVITÉS

Comment s'appelle le prince ?

6 Écris le bon mot sous chaque image. Le numéro écrit à la fin du mot indique la lettre à prendre. Par exemple, le premier mot est ENFANT. Le nombre est 4. La lettre à prendre est donc le A.

Le prince s'appelle A_ _ _ _ _ _ _ _ _ .

1 <u>e</u> <u>n</u> <u>f</u>(<u>a</u>)<u>n</u> <u>t</u> (4)

2 _ <u>i</u> _ _ (4)

3 _ _ <u>r</u> _ _ _ (6)

4 <u>o</u> _ _ _ _ _ _ (7)

5 _ <u>h</u> _ _ _ _ _ (6)

6 _ <u>u</u> _ _ (3)

7 <u>m</u> _ _ _ (4)

8 _ _ <u>e</u> (1)

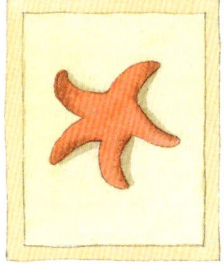

9 _ _ <u>o</u> _ _ _ (6)

Le message dans la bouteille

7 Efface une lettre dans chaque case et lis le message.

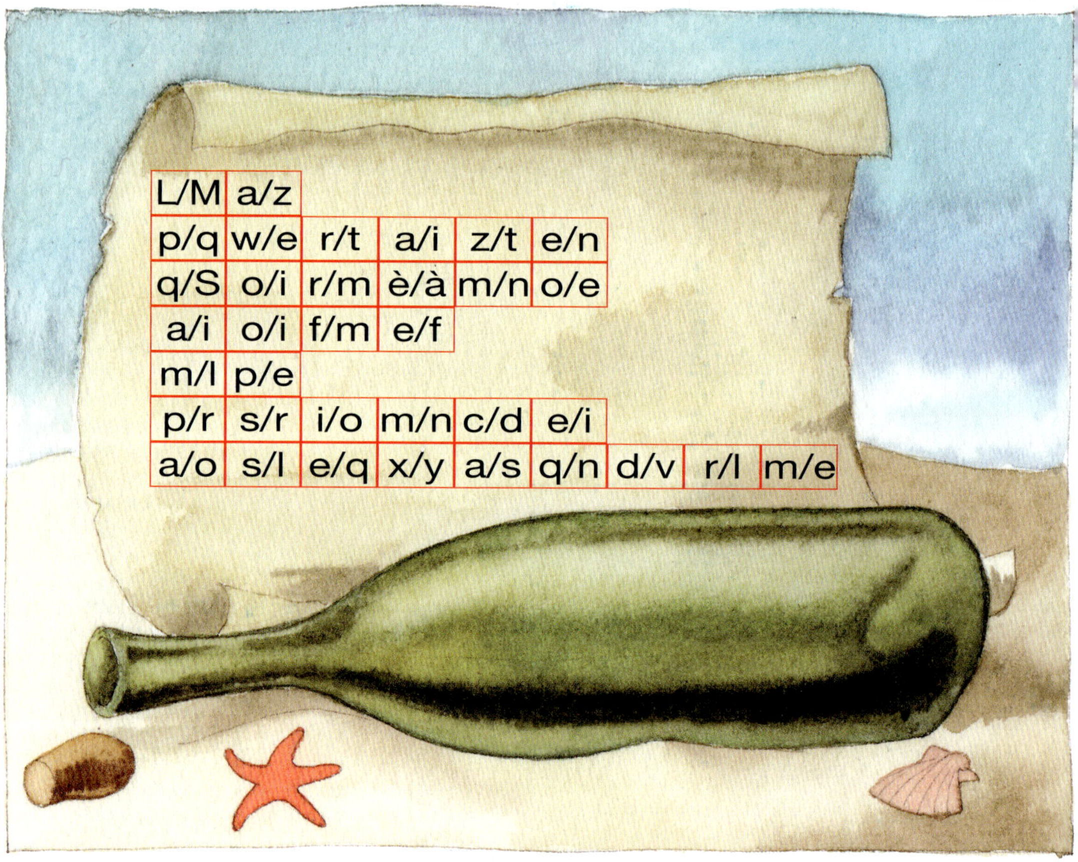

L/M	a/z						
p/q	w/e	r/t	a/i	z/t	e/n		
q/S	o/i	r/m	è/à	m/n	o/e		
a/i	o/i	f/m	e/f				
m/l	p/e						
p/r	s/r	i/o	m/n	c/d	e/i		
a/o	s/l	e/q	x/y	a/s	q/n	d/v	r/l	m/e

__ _____ _____
____ __ _____
_____.

Dictionnaire en images

Des poissons

Des rochers

Des oiseaux

La mer

Un ver

Des algues

Des jambes

Un bateau

Une queue de poisson

Les vagues

Le monde

Le ciel

Le soleil

Le château

La lune

Les étoiles

La plage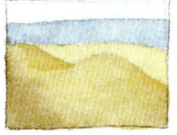

La tempête

Le vent 		Coloré	

Le vent

Coloré

Le tonnerre

Agité

Un éclair

Donner

Le chant

Nager

Belle

Tomber

Beau

Danser

Horrible

Voler

Sombre

Ouvrir

Souffler

Rire

Écouter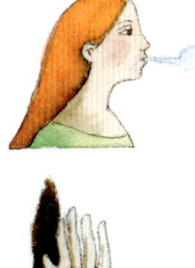

Sourire

Solutions

Activité 1
1 racontent 2 regarde 3 écoute 4 regarde - écoute 5 raconte 6 écoutent 7 regardent 8 regarde.

Activité 2
1 Vrai 2 Faux 3 Vrai 4 Faux 5 Faux 6 Faux 7 Vrai.

Activité 3
1 magnifique 2 approcher 3 impossible 4 histoire 5 château 6 étoile 7 potion 8 horrible 9 père 10 prince 11 regarder 12 bateau 13 plage 14 plante 15 jambe 16 tempête.

Activité 4

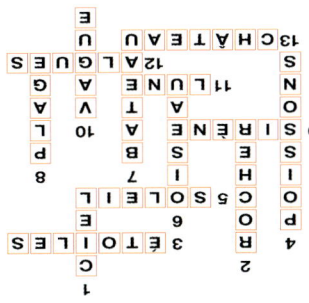

Activité 5

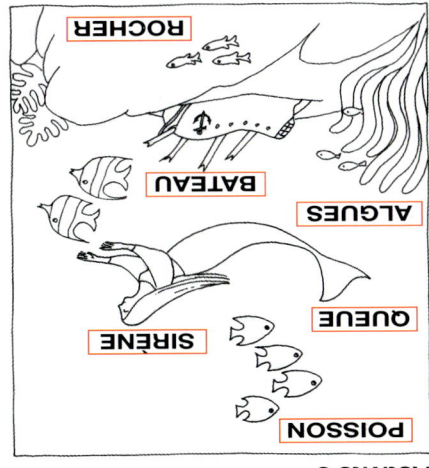

POISSON, SIRÈNE, QUEUE, ALGUES, BATEAU, ROCHER

Activité 6
Le prince s'appelle Alexandre.
1 enfant 2 ciel 3 sirène 4 oiseaux 5 château 6 lune 7 monde 8 rue 9 étoile.

Activité 7
La petite Sirène aime le prince Alexandre.

31

Rédaction : Sarah Negrel
Conception graphique et direction artistique : Nadia Maestri
Mise en page : Sara Blasigh

© 2009 Cideb

Première édition : janvier 2009

Tous droits réservés. Toute représentation ou reproduction intégrale ou partielle de la présente publication ne peut se faire sans le consentement de l'éditeur.

L'éditeur reste à la disposition des ayants droit qui n'ont pu être joints, malgré tous ses efforts, pour d'éventuelles omissions involontaires et/ou inexactitudes d'attribution dans les références.

Pour toute suggestion ou information, la rédaction peut être contactée à l'adresse suivante :
redaction@cideb.it
www.cideb.it

The Publisher is certified by
 CISQCERT
in compliance with the UNI EN ISO 9001:2000 standards for the activities of 'Design, production, distribution and sale of publishing products.'
(certificate no. 04.953)

ISBN 978-88-530-0683-7

Imprimé en Italie par Litoprint, Gênes